Al mio piccolo Flavio,
per averci creduto da subito,
con tutto il mio amore
dedico questa fiaba.

Titolo | Arcobaleni magici
Autore | Michela Marcelletti

ISBN | 978-88-91189-37-0

Youcanprint Self-Publishing
Via Roma, 73 - 73039 Tricase (LE) - Italy
www.youcanprint.it
info@youcanprint.it
Facebook: facebook.com/youcanprint.it
Twitter: twitter.com/youcanprintit

Michela Marcelletti

Arcobaleni magici

Illustrazioni di
Alessia Turturro

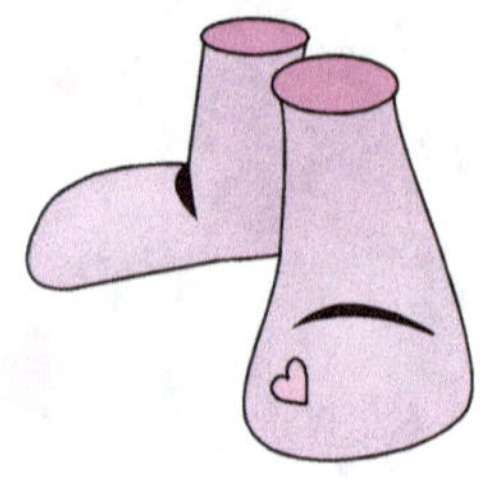

Viola e Fabian

nacquero in un freddissimo inverno dall'amore
di un raggio di sole con un fiocco di neve.

I due fratellini si volevano tantissimo bene ed
erano inseparabili.

Spesso litigavano,
ma poi facevano sempre la pace.

Viola

non era più alta di uno spillo
e pesava poco più di una mandorla.

I suoi capelli erano dei colori dell'arcobaleno
e sul piedino sinistro aveva una piccola macchia
viola a forma di cuoricino.

Toccandola poteva far apparire
un arcobaleno magico
che l'avrebbe portata lontano ....

... ma dove esattamente
non lo sapeva neanche lei.

Fabian

aveva due occhietti da birichino,
il naso sempre rosso e un piccolo cuoricino blu
sul piede destro.

**Loro erano bravissimi
nel mettersi nei guai ...**

1

Mamma scoiattolo

Un forte temporale estivo si era scatenato sulla città. Tutti correvano a ripararsi dalla pioggia.

Il parco giochi era diventato deserto in pochi minuti.

Mamma scoiattolo corse a rifugiarsi nella sua tana e a rassicurare i suoi piccoli.

Rimase a guardare estasiata la bellezza di un grande arcobaleno, che veniva da lontanissimo e sembrava arrivare proprio sul suo albero.

I colori erano splendidi, ma uno strano rumore proveniva da dietro di lei...

"SBOOM ... TRAAACK , TRIICK".

Chi era entrato nella sua tana??

AUCH
AUCH

La catasta delle ghiande cominciò a muoversi e mamma scoiattolo vide una testolina colorata spuntare da lì sotto.

Stava per scappare via impaurita, quando Viola cominciò a parlare da sola: "Uffaaaa!! Mai una volta che riesca ad atterrare su qualcosa di pulito e morbido!!".

Era arrivata lì in un battibaleno con uno dei suoi arcobaleni magici...

Ma dove era finita stavolta??

Viola si sistemò velocemente il vestito e i capelli.

Si guardò intorno.
Il buio della tana era rischiarato dalla luce che arrivava dall'entrata.

Mamma scoiattolo era lì, in piedi e arrabbiatissima per quell'intrusa in casa sua ...

Che cosa voleva quell'esserino da lei?
Le sue ghiande? La sua tana?

Mamma scoiattolo non era disposta a lasciarle nulla. Quella era la sua casa!

Viola cercò di spiegarle che non era sua intenzione rimanere lì. Ma non la capiva. Che lingua parlava?

Lo scoiattolo era un gigante rispetto a lei.

Viola balbettò "Oh, oh! Ma‑ma‑mma! Sti‑a tran‑ ‑quil‑la!". Indietreggiò per la paura.

Voleva dirle che lei sarebbe uscita subito dalla sua casa se le avesse dato modo di farlo, ma le parole non le uscivano più dalla bocca.
Comunque mamma scoiattolo non sembrava volesse ascoltarla.

Lo scoiattolo si avventò repentinamente su di lei per morderla, allora Viola si piegò fino a toccare il cuoricino sul suo piede sinistro e... "Fantapuffete!", in un secondo spuntò un arcobaleno magico.

Lei vi salì sopra e si mise in salvo.

Lasciò mamma scoiattolo arrabbiata a cercarla tra le ghiande e a domandarsi chi fosse quella bambina piccolissima.

Era veramente in salvo Viola??

Forse...

Dove la starà portando stavolta il suo arcobaleno magico?

2

Chi trova un amico
trova un tesoro

Ai bordi dello stagno la pioggia aveva rinfrescato tutto e tutti.

Le lumachine andavano a spasso e gli insetti tornavano a volare.

Sull'acqua galleggiavano delle splendide ninfee e i cespugli di fiori ai bordi dello stagno brillavano nei loro colori.

In cielo le nuvole stavano lasciando il posto al sole.

Viola con il suo magico arcobaleno atterrò delicatamente su un cespuglio di profumatissimi fiori rosa.

"Oh, che meraviglia! Non potevo arrivare in un posto più bello!" disse entusiasta Viola.

Si affacciò dentro il calice di un fiore per sentirne il profumo e scoprì che la pioggia lo aveva riempito di acqua, trasformandolo in una vasca perfetta per lei.

"Wow! Un bel bagno di acqua profumata è proprio quello che ci vuole!".

Dopo un lungo bagnetto Viola scese piano piano dal cespuglio e incontrò tre lumache che andavano a spasso.
Salì sopra la più grande e si fece un giretto, ammirando tutta la bellezza di quel luogo.

Si fermò sotto un cespuglio di more a fare colazione.

Sazia e felice, si mise a fare un pisolino all'ombra di un grande fungo.

Viola sognò di stare al Luna Park e, mentre era lì lì per salire su una bellissima giostra, iniziò a sentire un gran baccano...
Ma da dove arrivavano tutte quelle grida?

Aprì pigramente un occhio e vide volare verso di lei due coccinelle che gridavano a perdifiato qualcosa.

Lei non capiva cosa le stessero dicendo e continuava a guardarle volare intorno a lei preoccupate.
Si stropicciò gli occhi e guardò verso lo stagno.

"Aiutooooooo! Vuole mangiarmiiii!!!" strillò Viola.

Il rospo più grande che avesse mai visto si dirigeva verso di lei.
Lanciava lontano la sua lunghissima lingua per catturarla.

In quattro e quattro otto Viola era in piedi e cercava un posto dove nascondersi dal rospo.

Ma era troppo tardi, il rospo era più veloce di lei e quella lingua lunga era pronta per afferrarla...

Viola chiuse gli occhi. Non voleva vedere: era spacciata!

Sentì di colpo tanta tanta aria sul suo viso e intorno a lei.
Una sensazione di leggerezza che non aveva mai provato.

Forse era già morta e non aveva provato nessun dolore, pensava.

Aprì gli occhi e vide le nuvole e le fronde degli alberi.

Sotto di lei un pappagallino cercava di farla stare in equilibrio sulla sua schiena. Lei si aggrappò forte alle sue piume verdi e si sentì felice per essersi salvata dal diventare la cena del rospo.

Il panorama era magnifico da lassù e il pappagallino, vedendo Viola tanto estasiata e felice, continuò a volare.

I due volarono insieme finché il buio arrivò e il pappagallino tornò al suo nido.

Lui era scappato dalla gabbia di un negozio di animali, dove era rimasto per tanti giorni.
Per questo riusciva a capire quello che Viola diceva, ma non poteva risponderle.

Comunque i loro occhi si intendevano senza bisogno di parole.

Viola era tanto grata al pappagallino per averla salvata dal rospo.

Finalmente aveva trovato qualcuno disposto ad ascoltarla.

Lei gli raccontò che era in cerca di suo fratello Fabian.

Stanca e un po' triste per il ricordo di Fabian, si addormentò accanto al pappagallino, coperta dalle sue morbide piume.

Aveva trovato un amico.

3

Raccontami

Viola raccontò la sua storia al suo amico pappagallino.

Lei e Fabian erano fratelli gemelli e si volevano
tantissimo bene.
Erano inseparabili, giocavano e litigavano spesso
ma poi facevano sempre la pace.

Lui aveva una piccola macchia blu, sempre a
forma di cuoricino sul piede destro. Due occhietti
da birichino e il naso sempre rosso.

Un giorno d'estate i due fratellini si misero a fare
il bagno nel fiume per rinfrescarsi e per giocare
con l'acqua.

"Prendimi, Viola?!" le gridava Fabian facendole
anche la linguaccia.

"Non ti allontanare Fabian, ho paura dell'acqua
alta e lì io non ci voglio venire a giocare... Uffa!".

"Dai, prendimi se hai coraggio!".
Fabian iniziò a prenderla in giro: "Fi-fo-na, fi-fo-
na, Viola è una fifona!" e faceva pernacchie a più
non posso.

Viola si girò indispettita e cominciò a camminare per tornare a riva. Braccia conserte e broncio.

Non voleva più giocare con Fabian.

Pensava: "Gliela farò pagare! Quando esce dall'acqua gli farò un bello scherzetto!".

Viola si era sdraiata al sole ad asciugarsi un po' e a pensare a quale dispetto fare al fratello.

"Uhm, vediamo un po'... Potrei riempirgli le scarpe di sassolini! Troppo poco... Nascondere la sua macchinina in un cespuglio di more, così, anche se la dovesse trovare, dovrebbe pungersi le mani per riprendersela... O magari potrei mettergli un verme dentro il panino che ci siamo portati per merenda!!! Sai che risate???? Sì, sì, sì. Mi piace! Vada per il panino con il verme!!!".

Era assorta nei suoi pensieri e si stava già immaginando la faccia di suo fratello con in bocca il panino al verme, quando ad un certo punto Fabian fu travolto dalla corrente del fiume.

"Violaaa! Aiutami! La corrente è troppo forte!".

Viola sentì il grido di Fabian e lì per lì pensava che stesse scherzando e che volesse di nuovo convincerla a raggiungerlo in acqua con questo stratagemma.
Eppure Fabian sapeva benissimo che lei non sapeva nuotare.

Aprì gli occhi e ci mise un po' a capire dove fosse finito Fabian.

La corrente lo aveva portato lontano.

Lei cercò aiuto, ma la corrente era troppo forte e in pochi secondi Fabian non si vedeva più.

Viola sussurrò tra sé e sé: " Ti verrò a cercare... è una promessa!!"

Viola pianse molto, accovacciata sulla riva del fiume.

Era anche molto arrabbiata con Fabian che si era spinto troppo a largo. Del resto lui era un vero monello e non le dava mai retta.

Sarebbe riuscito il pappagallino ad aiutarla a trovare Fabian? Chissà!?

Per ora, lei e il pappagallino si godevano le belle giornate estive, giocando e volando insieme.

4

Che fame!

"Ho fame! Ho tanta fame, Pappagallino… e tu?"

Il pappagallino fece cenno di sì con la testolina.

Era iniziato l'inverno.

I fiocchi di neve cadevano silenziosi coprendo ogni cosa.

Il parco giochi sul quale affacciava la loro casetta non sembrava più lo stesso.

La dispensa era vuota.

Potevano soltanto bere delle tazze di neve profumate alle bacche.

I ramoscelli di bacche, che Viola aveva raccolto per abbellire la loro casa, erano ora la loro unica fonte di sussistenza.

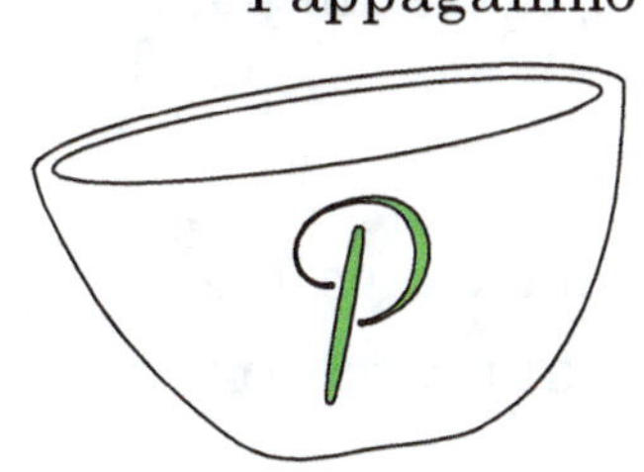

Pappagallino poteva mangiare anche le bacche, mentre a Viola facevano venire un gran mal di pancia.

Non potevano continuare così.

"ggGNNNAAOOOoo, ggGNNNAAIIIiii"

"Pappagallino! Forse siamo salvi!!"

"ggGNNAAOOOoo, gGNNNAAIIii"

Viola scese velocemente dal letto e si affacciò alla finestra.

"Evviva!!!". Viola si vestì in tutta fretta e cominciò a mettersi il cappottino.

"Pappagallino caro, forse oggi mangiamo!!"

Le brillavano gli occhi e il suo stomachino iniziò a brontolare.

Aprì la porta di casa e vide un bambino sull'altalena.

Il bambino si dondolava stancamente: era un po'
triste.

Quello che colpì Viola fu il panino che aveva tra
le mani. Era un succulento panino al prosciutto
crudo e lei ne era ghiotta.

Viola era al settimo cielo.
"Pappagallino, ora tocca a te! Vai a prendere quel
panino".

Il bambino era assorto nei suoi pensieri e si
guardava le scarpe, dondolando lentamente.

Pappagallino scese in picchiata dall'albero con
l'obbiettivo di staccare col becco un bel pezzo di
panino. E ci riuscì. Viola esultò: "Bravo! Ce l'hai
fatta!"

Mentre il pappagallino portava il pranzo a Viola,
il bambino perse l'equilibrio e cadde dall'altalena:
"Ahio!!!".

L'atterraggio sulla neve fu morbido. Il bambino
non si mise a piangere, anzi cominciò a ridere.

Era stato troppo divertente quel tuffo inaspettato nella neve fresca, anche perché la sua mamma glielo aveva proibito poco prima.

La mamma non lo avrebbe potuto rimproverare e lui ora poteva rotolarsi nella neve.
Intanto si guardava intorno per capire dove fosse andato a finire quell'uccellino ladro di panini.

Viola accolse Pappagallino a braccia aperte.

Finalmente qualcosa di buono da mangiare.
Si gustarono il panino e bevvero un po' di neve.

Il pancino di Viola era pieno e lei aveva un bel sorriso soddisfatto. Il pappagallino non lasciò neanche una briciola a terra.

Non potevano però resistere ancora a lungo a vivere con così poco cibo.

Decisero insieme di farsi l'ultima bella dormita nella loro casetta.
L'indomani sarebbero partiti per chi sa dove con l'arcobaleno magico di Viola.

5

La lettera

La mattina seguente Viola e Pappagallino si svegliarono con il rumore dell'altalena. Dalla finestra videro che era di nuovo il bambino del panino. Ma che ci faceva al parco di mattina? Non era andato a scuola? Perché?

Il bambino si stufò presto dell'altalena e si mise a sedere sulla panchina. Aprì un quaderno e iniziò a scrivere. Poi prese l'astuccio dei colori e si mise a disegnare.

Pappagallino e Viola erano molto curiosi e, visto che era una bella e fredda giornata di sole, decisero di andare a vedere da vicino cosa stesse facendo il bambino.

Viola si aggrappò forte alle piume di pappagallino e volarono fino alla panchina. Simone non si accorse della loro presenza: era troppo concentrato a rileggere la sua lettera.

Caro Babbo Natale,
mi chiamo Simone e ho 7 anni. Sono un bambino buono e faccio sempre i compiti.

Per Natale vorrei:
un trenino elettrico e la bicicletta nuova, perché la mia ormai è bassa e piccola.

Puoi far ridere di più la mamma? Lei è sempre stanca.

Cerca anche mio papà per favore e digli che lo aspetto a casa da tanti giorni.

Ti voglio tanto bene.
Simone

Simone, soddisfatto per aver finito la lettera e il disegno, si aprì un pacchetto di biscotti al cioccolato e ne lasciò due sulla panchina, pensando al pappagallino ladro del giorno prima.

Era veramente un bambino buono e generoso, pensarono Viola e Pappagallino.

Simone andò via dal parco smangiucchiando i biscotti.

Stava iniziando a cambiare il tempo e i nuvoloni all'orizzonte promettevano pioggia o neve.

Viola e pappagallino tornarono a casa felici con i due biscotti al cioccolato.

Lei quella sera ripensò tanto alla lettera di Simone. Come aveva fatto a non pensarci?

Mancavano due giorni a Natale e anche lei poteva scrivere una lettera a Babbo Natale per farsi aiutare a ritrovare il fratellino scomparso.

Passò la notte pensando a quanto sarebbe stato bello se Babbo Natale avesse potuto farle riabbracciare Fabian.

Sognò di giocare con lui per tutta la notte. Si svegliò riposata e di buon umore, come non accadeva da tempo.

Sulla panchina Simone aveva lasciato dei crackers. Che dolce, aveva pensato a loro anche oggi…

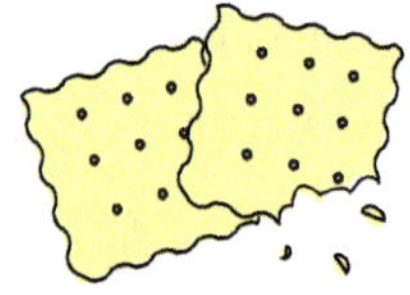

L'indomani lasciò una fetta di pandoro, era la vigilia di Natale.

Viola aveva scritto la sua lettera a Babbo Natale e sperava con tutte le sue forze che il suo desiderio di riabbracciare Fabian potesse essere esaudito.

Appese la lettera sotto l'albero di Natale e andò a letto presto.

6

Notte di Natale

A mezzanotte Viola e Pappagallino furono svegliati dal rumore e dalle luci dei fuochi d'artificio che squarciavano il cielo buio.

"Che baccano!" esclamò una vocina che le era familiare.

Viola sussultò.

La luce dei fuochi d'artificio illuminava la stanza in maniera intermittente.

Fabian stava sotto l'albero di Natale, rannicchiato sotto una coperta.

Viola si stropicciò gli occhi più volte. Era proprio il suo fratellino. Che gioia!!

Corse subito a baciarlo e abbracciarlo.

Fu un lungo e tenero abbraccio.

Babbo Natale aveva letto la sua lettera.

Viola, Fabian e Pappagallino trascorsero insieme la più bella notte di Natale che avessero mai vissuto.
Il poter stare di nuovo insieme valeva più di mille regali.

Raccontandosi tutto quello che gli era capitato quando erano lontani, i due fratellini si addormentarono abbracciati nel lettino di Viola.

Cosa succederà a Fabian e a Viola?

Saranno costretti ad andarsene con uno degli arcobaleni magici o riusciranno insieme a superare l'inverno?

Lo scopriremo nel prossimo episodio.

A voi è mai capitato di ricevere da Babbo Natale proprio quello che avevate chiesto nella vostra letterina?

7

Lo zainetto blu

Era la notte di Natale.
Viola e Fabian, dopo aver chiacchierato a lungo,
si addormentarono sul lettino.

Il sole era già alto quando: "Ahi!" gridò Viola
"Vuoi spostarti un po' più in là? Sto per cadere
dal letto!"

"Ma che dici, Viola! Se ti sei presa anche il cuscino
tutto per te!" le rispose Fabian, scendendo dal
letto arrabbiato.

Stanotte avevano dormito stretti nel lettino di
Viola.

Fabian fece un grande sbadiglio. "Che c'è per
colazione? Ho una gran fame" e si massaggiò il
pancino con la mano.

Viola guardò il pappagallino negli occhi e si capirono al volo. Lei si affacciò alla finestra e vide che Simone non era ancora arrivato.

Anche Viola e il pappagallino erano affamati e speravano che anche oggi quel bambino gentile e generoso portasse loro qualcosa di buono da mangiare.

Simone abitava proprio in quelle villette che avevano le finestre sul parco.

Dalla loro casetta sull'albero potevano vedere bene la casa di Simone.

Finalmente sentirono scattare il cancelletto del suo giardino e Simone,
con sciarpa e cappello,
corse verso l'altalena.

Aveva un piccolo
zaino blu sulle spalle.

Sperarono tutti che dentro ci fosse qualcosa per loro.

8

La verità

Arrivato al parco Simone, invece di andare sull'altalena, si mise seduto su una panchina e iniziò a piangere.

Che cosa era successo?

Si sentì scattare il cancelletto una seconda volta.

Stavolta uscì un uomo in tutta fretta.

Si mise la giacca e il cappello correndo.
Perse la sciarpa e si fermò un attimo per raccoglierla, anche se si era bagnata con la neve.
Corse da Simone.
Si sedette accanto a lui e lo abbracciò forte.
Rimasero abbracciati a lungo.

Simone continuò a piangere e l'uomo gli tolse il cappello e gli accarezzò i capelli.

Lo strinse forte al petto e iniziò a piangere anche lui.

"Papà, non voglio che tu vada via…" sussurrò Simone tra le lacrime.

Ecco chi era quell'uomo: il papà di Simone!

Viola e il pappagallino si guardarono negli occhi.
Babbo Natale aveva ascoltato la richiesta di aiuto
di Simone.
Perché allora non era felice?
Non capivano perché Simone piangesse così
tanto.

E poi, dove sarebbe dovuto andare il padre?

Rimasero in ascolto dalla loro casetta sull'albero.
Ormai volevano bene a Simone e avevano a cuore
la sua felicità.

Il papà gli porse un fazzolettino, per asciugarsi le
lacrime e per soffiare il nasino.
Lo guardò negli occhi e gli disse: "Tesoro, anche io
non vorrei andare via, ma devo... La mamma ed
io non andiamo più d'accordo e non possiamo più
vivere tutti insieme nella stessa casa".

Sospirò e si soffiò il naso.

Soffriva molto anche lui in questa situazione e
avrebbe voluto che tornasse tutto come quando
erano una famiglia felice.
Ma non si poteva.

Si fece coraggio e cercò di aiutare Simone a capire cosa succedeva e cosa sarebbe accaduto nell'immediato futuro.

"In queste ultime due settimane ho cercato un piccolo appartamento da prendere in affitto: non è distante da qui".

Simone lo ascoltava con attenzione.

"Potremmo vederci tutte le volte che vuoi, adesso che ho trovato una sistemazione..."
"Non è colpa tua se io e la mamma ci siamo separati. Io ti voglio bene più di ogni altra cosa al mondo".
Lo strinse a sé in un grande abbraccio.

Simone smise di piangere
e lo guardò con gli occhi rossi.

Il papà gli disse:
"Sono sicuro che anche
la mamma ti vuole un gran bene".

Gli indicò la finestra da dove la mamma li stava

guardando e proseguì: "Si starà preoccupando per noi, che siamo qui fuori al freddo. Che dici Simone, rientriamo a casa? Oggi mi fermo a pranzo con voi per festeggiare il Natale".

Gli sorrise e aggiunse: "Sei contento se mangiamo tutti insieme?".
"Sai che Babbo Natale ha lasciato un pacchetto per te sotto il mio piccolo albero di Natale?".

Simone accennò un sorriso e chiese: "E' un pacchetto grande?".

Il papà gli fece un buffetto sulla guancia e lo abbracciò forte, stropicciandogli i capelli con la mano per prenderlo in giro.

"Allora andiamo a vedere cosa ti ha portato Babbo Natale!". Si sorrisero complici.

Il papà gli rimise il cappello e lo prese in braccio. "Quanto pesi, amore mio, cosa hai mangiato a colazione? Una balena fritta?".
"Papà!!! Sei sempre il solito" e risero insieme.

Vedendoli andare insieme verso casa, Viola, Fabian e il pappagallino erano contenti, ma si accorsero anche che per colazione non avevano ancora mangiato nulla.

La balena fritta gli sarebbe piaciuta?
Con la fame che avevano, sicuramente sì.

9

Natale in famiglia

Attraverso i vetri della finestra di Simone, Viola, Fabian e Pappagallino videro una bella tavola imbandita con ogni ben di Dio.

La mamma di Simone doveva aver passato la mattina a cucinare.

C'era una zuppiera piena di tortellini in brodo e, in un grande vassoio, carne arrostita con patate al forno.
Il mobile della sala da pranzo era costellato di ciotole d'argento con cioccolatini, caramelle e torroncini. C'erano anche il panettone e il pandoro. Che bontà!

L'albero di Natale, che accendeva e spegneva le sue lucine colorate, con le palline oro e blu, rendeva l'atmosfera in casa di Simone veramente magica.

La mamma di Simone li accolse in casa con un sorriso.

Simone passò dalle braccia del papà a quelle della mamma, che gli stampò un bel bacio sulla guancia. Il loro era uno splendido abbraccio e Simone fece in modo che anche il papà vi prendesse parte.

Ora sì che Simone era felice.

In fondo sarebbero rimasti per sempre i suoi amati genitori, anche non vivendo più tutti insieme.

Simone mangiò di gusto e sorrise guardando la sua famiglia, almeno per oggi riunita attorno alla stessa tavola. Era una bella sensazione!

Viola, Fabian e il pappagallino osservarono tutta la scena affacciati alla loro finestrella. Erano contenti per Simone, ma allo stesso tempo tristi, perché avevano deciso di partire prima che avesse fatto buio.

Stavano già radunando le loro cose quando: "Pappagallinoooo! Pappagallinoooo! Sono Simone, vieni fuori. Ti ho portato qualcosa di speciale. La carne arrosto con le patate ti piace? Pappagallinoooo! Mi sentiii?".

I tre amici si guardarono tra loro con occhi scintillanti. Avevano sentito bene?

Il pappagallino volò fuori come un razzo.

In casa, Viola e Fabian saltarono di gioia e improvvisarono un vorticoso girotondo, che li fece cadere sul letto di Viola.

Col fiatone e il cuore che batteva forte, i due fratellini rimasero a giocare sul letto aspettando il ritorno di Pappagallino. Finalmente avrebbero pranzato anche loro. E che pranzetto! Da leccarsi i baffi.

Pappagallino, Fabian e Viola seduti intorno al tavolo iniziarono a mangiare.

"Mmhh, che squisitezza queste patate al forno" bofonchiò Fabian tra un boccone e l'altro.
"Hai proprio ragione, fratellino mio!" asserì Viola.
Pappagallino mangiò la sua porzione muovendo la testa su e giù e dando ragione ai suoi due piccoli amici.

Che bel pranzetto di Natale! Fabian tornò ad essere allegro e intonò una canzoncina intitolata "Jingle bell rock". **La conosci anche tu?** Viola lo seguì battendo le mani e il pappagallino improvvisò un balletto.

Che Natale indimenticabile!

10

Arcobaleno

Simone trascorse il pomeriggio con il papà e la mamma.

"Simone, vogliamo vedere cosa ti ha portato Babbo Natale?" disse il padre lanciando uno sguardo verso il pacchetto che era ai piedi dell'albero.

Simone non se lo fece dire due volte. Corse a scartare il pacchetto regalo e vi trovò il libro del suo personaggio dei fumetti preferito.
Era contentissimo.

Si arrampicò sulle gambe del padre e iniziarono subito a leggere il libro.

A Simone piaceva molto farsi leggere le storie, anche se da quando aveva imparato a leggere da solo i suoi genitori avevano smesso di farlo. In questa giornata speciale fece piacere anche al padre tornare alle vecchie e sane abitudini.

Mentre la mamma sparecchiava la tavola, arrivò la telefonata dei nonni per fare gli auguri di Buon Natale.

Simone andò subito al ricevitore per salutarli e raccontar loro cosa stava facendo.

Voleva molto bene ai nonni benché non potesse vederli spesso. Abitavano distanti, in montagna, e lui trascorreva con loro gran parte delle vacanze estive. Avevano un legame forte.

"Simone, le sorprese non sono finite..." disse la nonna al telefono.

"E' arrivato un pacchetto grandissimo per te da parte di Babbo Natale e io te l'ho spedito con il corriere urgente! Vai nella tua cameretta e lo troverai. Buon Natale, amore di nonna! Ti passo nonno" e gli mandò un bacio per telefono.

"Simo, Roccia, come stai?" prese la parola il nonno. "Ci manchi tanto! Non vediamo l'ora di riabbracciarti... Che ti ha portato Babbo Natale?".

Simone rispose velocemente: "Ciao nonno! Ora non posso parlarti, devo andare a vedere il regalo. Ciaoooo!" e restituì la cornetta alla mamma.

In camera trovò un pacchetto gigante che scartò a tempo di record. Dentro c'era il più bel trenino elettrico che avesse mai visto. Argento e rosso fiammante, con una pista lunghissima da montare. Gli brillavano gli occhi e cominciò a saltare di qua e di là dalla gioia: avrebbe iniziato subito a montarlo.

Il papà e la mamma si guardarono tra loro sorridendo.

Simone era incontenibile e si mise a terra ad aprire ogni singola bustina per comporre innanzitutto il treno. Per la pista ci sarebbe voluto l'aiuto di un adulto.

La mamma e il papà lo avrebbero aiutato con piacere dopo aver preso un caffè.
"Ora torniamo, Simone! Prendiamo il caffè poi la costruiamo insieme!" disse il papà.

"Vuoi una spremuta d'arancia?" aggiunse la mamma.
"Si, grazie" rispose Simone. "Con due cucchiaini di zucchero".
Sorrise con occhi furbi alla mamma.

Seguì con lo sguardo
i suoi genitori che si
allontanavano insieme
per recarsi in cucina.

Improvvisamente sentì uno strano rumore provenire dalla finestra.
Si avvicinò alla finestra per capire cosa fosse e la aprì.
Il sole stava tramontando e nuvole grigie lo coprivano parzialmente.
Sul davanzale della finestra trovò Pappagallino.

"Ciao! Che ci fai tu qui?" Simone era sorpreso di vederlo lì.
"Hai scoperto qual è la mia finestra, bravo!". E cercò di avvicinarsi a lui.
Pappagallino si fece avvicinare. Aveva voglia di farsi coccolare un po'.

Simone avrebbe sempre voluto avere un animale domestico, ma la mamma era sempre stata irremovibile nella sua decisione di non volerne.

"Puoi venirmi a trovare quando vuoi ora che sai dove trovarmi".
"Ti farò trovare qualcosa da mangiare e potremmo giocare insieme".

"Non diremo niente alla mamma! Sarà il nostro segreto!" E gli fece l'occhiolino.

Pappagallino faceva cenno di sì con la testolina. L'occhiolino non lo sapeva fare.

Volò sulla spalla di Simone e si mise a guardare fuori della finestra. Dal parco giochi partiva un arcobaleno grandissimo e Simone ne rimase colpito. Era splendido e vicinissimo.

Pappagallino sapeva bene che quell'arcobaleno avrebbe portato lontano i suoi due piccoli amici, ma non voleva essere triste. Simone sarebbe stato il suo nuovo compagno di giochi.

Viola e Fabian avrebbero vissuto insieme
nuove avventure.

GIOCHIAMO INSIEME

L'ARCOBALENO TEST
Fai una crocetta sulla risposta giusta

1. Come si chiama il fratellino di Viola?

   A Fabio

   B Fabrizio

   C Fabian

   D Fabiano

2. Perché Simone è triste?

   A Perché vuole giocare con la neve

   B Perché l'altalena non funziona

   C Perché non vede il papà da tanti giorni e la sua mamma è stanca

   D Perché vorrebbe un giocattolo

3.   Che cosa lascia Simone sulla panchina per Viola e il pappagallino la sera della Vigilia di Natale?

    A   Il panino al prosciutto

    B   Una banana

    C   Una fetta di pandoro

    D   Una fetta di panettone

4.   Come ritrova Viola il suo fratellino?

    A   Per caso

    B   Grazie a Pappagallino

    C   Scrivendo una lettera a Babbo Natale

    D   Chiamando la Polizia per farsi aiutare

5.   Cosa riceve Simone da Babbo Natale?

    A   Un pallone

    B   Un pappagallino

    C   Un trenino

    D   Una sciarpa

PUNTEGGIO

Risposte in maggioranza A

Che cosa stavi facendo mentre ti leggevano la storia?
Forse avevi la radio accesa e trasmettevano la tua canzone preferita?

Non preoccuparti il libro è tuo e puoi fartelo rileggere tutte le volte che vuoi.
Se sai già leggere, prenditi più tempo per capire meglio la storia.

Risposte in maggioranza B

Spero ti sia piaciuta la storia di Viola.

Rileggila con più attenzione e ti accorgerai da solo di quali erano le risposte giuste.
Sarà un gioco da ragazzi!

Risposte in maggioranza C

Complimenti!!!!

Sei stato attentissimo!

La storia ti ha appassionato e sei rimasto colpito
anche dai particolari.
Ti piace leggere, vero?

Risposte in maggioranza D

Sei caduto nel tranello "fetta di panettone" forse
perché lo preferisci rispetto al pandoro? Golosone.
Fai una bella merenda e poi torna a leggere.

Sarà tutto più chiaro!

Carissimi bambini,

l'importante è LEGGERE, LEGGERE E LEGGERE.

Non importa se si capisce tutto alla prima lettura, perché il bello sta nel leggere e rileggere quante volte si vuole, quello che si vuole.

Avere sempre un buon libro sul comodino è il mio migliore augurio per Voi.

Vi terrà compagnia e vi farà trascorrere ore liete, emozionandovi e facendovi vivere avventure sempre nuove.

Io nel mio piccolo spero di avervi fatto emozionare con le avventure della piccola Viola, di suo fratello Fabian e Pappagallino.

Se volete le nuove avventure saranno presto in libreria con il prossimo libro.

Un caloroso saluto a tutti i piccoli e grandi lettori di questo mio primo libro.

L'autrice,
Michela Marcelletti

LAVORIAMO SUL TESTO

1. Racconta a Viola il tuo Natale più bello. Con chi lo hai trascorso? Dove? Cosa è accaduto di speciale?

....

....

....

2. Descrivi il Natale a casa di Simone.

....

....

3. Riassumi brevemente il capitolo "Che fame!".

....

....

4. Viola e Pappagallino sono amici. Definisci cos'è per te l'amicizia.

....

....

5.   Rispondi alle seguenti domande:
• Chi sono i genitori di Viola?

....

• Chi aiuta Viola a sfuggire alla lingua lunga del rospo?

....

• Dove dorme Fabian la notte di Natale?

....

• Perché i genitori di Simone non vivono più insieme?

....

• Come ha reagito Simone all'assenza del papà?

....

• Cosa mangiano il giorno di Natale Viola, Fabian e Pappagallino?

....

• Quante volte Viola ha viaggiato sull' arcobaleno magico?

....

6.   Unisci il personaggio alla sua frase. Traccia una linea con la matita.

SIMONE   "Ho tanta fame,
                          Pappagallino … e tu?"

FABIAN   Lui era scappato
                          dalla gabbia di un
                          negozio di animali

VIOLA   "… La corrente
                          è troppo forte!"

PAPPAGALLINO   "Papà, non voglio
                          che tu vada via…"

7.   Vai a pagina 57 e con una matita sottolinea una volta tutti i soggetti e due volte tutti i verbi che incontri.

8.   Colora i ricordi di Viola in "Raccontami".

9.   Disegna il tuo personaggio preferito e
descrivilo brevemente

....

....

....

Curiosità sulla stesura di Arcobaleni magici

"Questa favola nasce la scorsa estate nella casa in montagna dei nonni.

Costretti per un paio di giorni a rimanere in casa a causa di forti temporali estivi, io e mio figlio Flavio, 5 anni, con Livia di pochi mesi, abbiamo passato ore sul divano a leggere e sfogliare tutti i libri illustrati che avevamo in casa.

Dalla finestra, che dà sul bosco, abbiamo visto arcobaleni splendidi, uno dei quali partire dall'albero dove abita uno scoiattolo.

Da qui l'idea di un personaggio che potesse piacere a Flavio, e che potesse entrare nella tana dello scoiattolo.

Così è nata Viola.

Raccontata a voce la prima volta, ha poi preso spessore passando al pc.

Ora eccola in un libro, arricchita dalle splendide illustrazioni di Alessia Turturro.

Sono contenta di poterla condividere con tanti piccoli e grandi lettori.

Vi farà divertire, emozionare e anche riflettere su temi importanti.

E non finisce qui. Alla fine del libro, nella sezione "Giochiamo insieme?", i bambini potranno giocare con i personaggi del libro, colorare e disegnare.

I più grandicelli potranno svolgere esercizi di comprensione e rielaborazione del testo nella sezione 6+.

Cosa aspettate? Iniziate a leggere ;-) e visitate la pagina face-book: Arcobaleni magici.

Tante sorprese e giochi vi aspettano!

Michela Marcelletti.

Laureata in Beni culturali.
Scrittrice esordiente.

Ama leggere libri ai suoi bambini
e fare lunghe passeggiate.
Arcobaleni magici è il suo primo libro, frutto della
voglia di non smettere di sognare.

Alessia Turturro.

Giovane e promettente Grafica
Pubblicitaria.

Nel tempo libero le piace viaggiare.
Ama la natura e le passeggiate
in montagna.
Se volete vedere dei tritoni,
lei sa dove trovarli.

Potete scriverci o inviarci i vostri disegni
alla pagina face-book Arcobaleni magici.

Indice

Dichiaro che l'opera presentata è opera del mio ingegno.
Autorizzo il trattamento dei miei dati personali ai sensi dell'articolo 13 del D. Lgs n.196/2003,
in fede,
Michela Marcelletti

Finito di stampare nel mese di Maggio 2015
per conto di Youcanprint *Self - Publishing*